AF244329

Tout exemplaire qui ne sera pas revêtu de notre griffe sera réputé contrefait, et poursuivi conformément aux lois.

BENJAMIN

BENJAMIN

OU

RICHESSE DANS LA PAUVRETÉ.

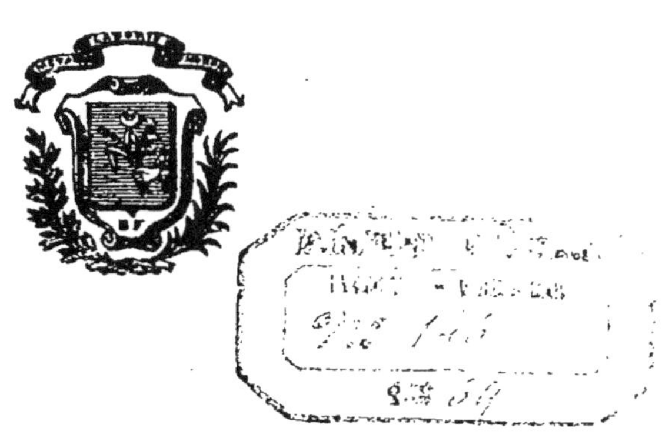

LIMOGES

BARBOU FRÈRES, IMPRIMEURS-LIBRAIRES.

Benjamin naquit à Paris le 12 février
1655, et fut nommé François-Toussaint sur
les fonts baptismaux. Son père, Laurent de
Fourbin, marquis de Janson, et sa mère,
Geneviève de Briançon de la Saludie, l'un
et l'autre issus des plus anciennes maisons
de la province, firent tout ce qui était en
leur pouvoir pour lui inspirer de bonne
heure l'amour de la vertu. Prévenu des grâ-

ces du Seigneur dès sa première enfance, il répondit aux soins de ses parents de la manière la plus touchante, et à peine eut-il atteint l'âge de raison, que la lecture des livres saints devint ses délices. Hélas ! de si heureux commencements ne le garantirent point des piéges multipliés que le monde lui tendit bientôt. Livré au dangereux commerce d'une jeunesse victime de ses passions, les conseils et les exemples des libertins lui firent promptement oublier ses premiers principes. Il avait au plus vingt ans, lorsqu'au mépris des lois divines et humaines il se battit en duel, et tua un jeune seigneur de la cour. Alors, obligé de chercher un asile dans les pays étrangers, il passa en Allemagne, s'arrêta à Vienne, obtint de l'empereur un emploi dans l'armée occupée à arrêter les conquêtes des infidèles en Hongrie, et eut ainsi l'occasion de manifester une valeur peu commune. Il se distingua à la levée du siége de Vienne, à la prise de Bude, et à la fameuse journée de Barcan, où le grand Sobieski défit entièrement l'armée ottomane. Mais dans la profession des armes, l'infortuné jeune homme devint la proie de tous les vices qui en sont presque inséparables. « L'ambition, écrivait-il depuis, en racontant cette époque de sa vie, la vanité et l'orgueil étaient le premier et l'unique mobile de ses actions. Une recherche empressée de tout ce qui peut flatter les sens, une avidité insatiable d'acquérir de la réputation et de la gloire sans les avoir méritées, une horrible ingratitude envers Dieu, la profanation des églises, tout cela me rendait un objet d'horreur aux yeux du Seigneur, tandis qu'il m'attirait les louanges et les applaudissements des hommes.

Quoique livré à tant de désordres, il ne fut point abandonné du Dieu sauveur du pécheur en délire. Ce bon maître parlait souvent à son cœur, tantôt l'avertissant en père infiniment tendre, l'exhortant, le pressant par de douces inspirations de retourner à lui ; tantôt le corrigeant en maître sévère, et le frappant par une maladie ou par une disgrâce. Alors le jeune mondain formait quelques résolutions de changer de vie, mais la première occasion dangereuse était marquée d'une nouvelle chute ; il faisait encore effort pour se relever, mais il retombait une seconde fois, et ne se relevait plus.

La guerre s'étant rallumée entre le roi de France et l'empereur, Janson prit le nom de Rosemberg, quitta l'Allemagne, et rentra dans sa patrie sous ce nom emprunté. Le roi de France, touché de ce témoignage de fidélité, ferma les yeux sur sa conduite passée, et lui donna une majorité dans un régiment allemand. Le Dieu sauveur des âmes égarées employait tous les moyens pour rappeler à lui cette brebis coupable. Dès la première campagne, le comte de Rosemberg vit tuer à ses côtés le colonel de son régiment, et lui-même fut au moment de périr. La Providence ne cessait de lui ménager ainsi des occasions et des motifs de conversion. Elle livrait sans cesse de nouveaux assauts à ce cœur rebelle, lui faisait alors entendre intérieurement, ainsi que lui-même en fait l'aveu, que, s'il voulait mettre son salut en assurance, il devait abandonner le monde. Hélas ! Rosemberg, accoutumé à résister aux plus douces comme aux plus vives impulsions de la grâce, perdit bientôt le souvenir de cette voix divine. Le modèle des pères, n'écoutant que sa tendresse et sa compassion pour un ingrat qui voulait se perdre et échapper à ses bontés, poursuivait toujours cet enfant fugitif. Parce qu'il l'aimait, qu'il voulait l'arrêter dans la voie de ses désordres et l'attirer à lui, ce grand Dieu le frappa d'une main plus sévère, mais toujours conduit par l'amour infini qu'il lui portait. Au combat de la Marsaille, laissé comme mort sur le champ de bataille, sans connaissance ni sentiment, nageant dans son sang sur un monceau de cadavres et de mourants, privé de toute espérance et de secours, dépouillé par des pillards ennemis qui le menaçaient de lui ôter le peu de vie qui lui restait encore, le pécheur expirant s'adressera-t-il au trône de l'inépuisable clémence? Qui le croirait? dans cette affreuse situation il ne songe pas à se tourner vers Dieu, à lui demander pardon, à implorer sa clémence, et il est abandonné à son aveuglement. Son divin maître, toujours bon, mais toujours juste, permet que son âme reste encore inaccessible à la lumière de la vérité, afin que, dans la suite, sa main adorable ait seule la gloire de l'avoir éclairé.

Cependant quelques soldats de son régiment, passant auprès de leur major comme expirant, entendent sa voix plaintive, et le transportent dans le camp. Là, visité par les hommes de l'art, ceux-ci jugent deux de ses blessures mortelles, et desespèrent entièrement de sa vie. Transféré à Pignerol, et logé au collége des RR. PP. de la compagnie de Jésus, il entendit la faculté s'accorder à juger son état sans ressource. Un ministre de Jésus-Christ, plein du désir d'exciter en lui des sentiments de pénitence, lui parle fortement des quatre fins de l'homme. Le comte l'écouta, et se sentant vivement pressé par l'Esprit-Saint, prononça ces paroles dans la vérité de son cœur : Mon Seigneur et mon Dieu, si vous daignez me conserver la vié, je vous promets de me faire religieux de la Trappe. » C'était à ce genre de pénitence si parfait, que, dès le temps de ses plus grands désordres, une voix intérieure l'avait souvent appelé ; il réitéra son vœu une seconde et troisième fois, et il fut exaucé. On le trouva en état de pouvoir être transféré en France avec les autres blessés, et, à peine arrivé à Lyon, il se sentit parfaitement guéri. Mais, ô faiblesse, ô instabilité du cœur humain ! Rosemberg, préservé d'une mort funeste par une bonté particulière de son Dieu, guéri par un miracle évident, Rosemberg oublie la promesse qu'il a faite à son divin libérateur. La paix étant faite en 1697, entre les premières puissances de l'Europe, il quitte l'armée, reprend le chemin de Paris, et ne songe plus qu'à passer agréablement le temps. Il voulut se dédommager de ses fatigues et des maux que la guerre lui avait fait souffrir, par toutes les douceurs que la paix, le séjour de la plus belle ville du monde, et la maison de son frère, le marquis de Janson, lui fournissaient en abondance. Pendant trois ans, sa vie ne fut qu'un égarement continuel, qu'un oubli insensé de son Dieu. Mais le Père, outragé par une si horrible ingratitude, ne délaissa pas son enfant. Il gémit de le voir plongé dans ce déluge de forfaits qui inonde toute la terre, de le voir

confondu dans cette multitude presque infinie d'hommes insensés qui se perdent en
se laissant entraîner au torrent du siècle.

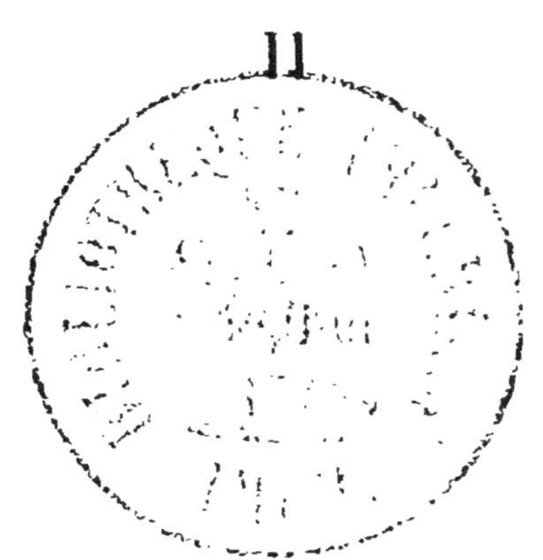

Enfin il arriva ce jour marqué dans les décrets éternels, où la grâce devait triompher du cœur le plus rebelle à ses inspirations. Le comte est saisi tout à coup d'une douleur d'entrailles extrêmement violente. Frappé sans doute du peu de distance qui se trouve quelquefois entre la vie et la mort, il se laisse émouvoir par cette pensée salutaire, se trouble, s'attendrit, s'humilie : et bientôt on l'entend s'écrier : « Seigneur, si vous écoutez votre justice, elle vous dira qu'il n'y a pas un moment de ma vie qui ne mérite un enfer particulier; mais puisque vous pouvez me faire miséricorde, ayez pitié de moi. » Dès ce moment, ne songeant plus qu'à profiter de la clémence infinie de son Dieu, il vint se jeter aux pieds du Père Massillon, de la congrégation de l'Oratoire, homme profondément versé dans la conduite des âmes, directeur et tout ensemble prédicateur célèbre, qui joignait la pratique des maximes de l'Evangile à un talent admirable pour l'annoncer. Il pressait alors dans Paris, encore plus par son exemple que par ses paroles, les pécheurs de faire pénitence. Le comte, prosterné devant l'homme de miséricorde, se déchargea d'un poids insupportable à l'âme qui commence à retourner vers Dieu, par une humble confession de tous ses péchés. Cet aveu fut accompagné et suivi, le reste de sa vie, d'un torrent de larmes. Ce fut alors qu'il déclara la promesse qu'il avait faite à Dieu d'entrer au monastère de la Trappe. Le sage directeur voulut savoir en détail les circonstances de cette promesse ; il les pesa mûrement, et dit ensuite au comte qu'il ne doutait pas qu'une pareille promesse ne fût un véritable engagement envers le Seigneur, et une obligation, non de se faire religieux, ce qui demande une vocation particulière et bien distincte, mais de ne pas différer à se rendre à la Trappe, afin d'y demander à Dieu les lumières nécessaires pour connaître sa volonté.

Rosemberg se trouble de cette proposition. L'ennemi des hommes, se servant adroitement de l'amour-propre, qui n'était pas encore parfaitement détruit, lui inspira des pensées de désobéissance, et l'empêcha pendant quelque temps de se soumettre à l'ordre du ciel. Mais ne craignons point ici le triomphe du prince des ténèbres ; il a pour adversaire l'homme qui connaît le mieux le cœur humain, qui sait le mieux y descendre et en obtenir l'empire. Massillon rassura son nouveau pénitent, et lui inspira les sentiments d'une confiance si parfaite en la grâce de Jésus Christ, qu'il dissipa aisément tous les artifices de l'esprit de mensonge. Il lui prescrivit un règlement de vie, et remit à quelque temps à examiner la nature et les circonstances de sa promesse.

Le meilleur et le plus tendre de tous les pasteurs, voyant revenir à lui cet enfant prodigue, lui faisait apporter la robe blanche, et préparer le banquet sacré où il veut bien être lui-même notre aliment. Il agréa son sacrifice, et purifia ses souillures par les mérites de l'effusion de son sang. Il mit le sceau de sa miséricorde sur son âme sincèrement convertie. Alors Rosemberg connut qu'à ces maux, qui étaient extrêmes, il fallait des remèdes qui le fussent aussi. Il comprit combien la fuite des occasions dangereuses lui était nécessaire pour ne pas retomber dans le déplorable état d'où la miséricorde divine venait de le retirer, et où sa faiblesse l'avait précipité tant de fois. Il comprit enfin qu'il ne se garantirait point des piéges que le monde lui tendrait toujours, tandis qu'il y demeurerait fixé, et qu'il ne les éviterait qu'en se retirant dans

la solitude. O trait de la bonté divine ! déjà
l'idée de la Traqpe ne l'effraie plus ; elle lui
donne, au contraire, de la consolation et de
la joie ; il éprouve dans ses pensées et dans
ses affections une révolution subite, et pour
s'instruire parfaitement des divers exercices
qui se pratiquent dans le désert, il lit, il
étudie, il dévore les maximes et les admira-
bles instructions répandues dans les ouvra-
ges du saint réformateur, le célèbre abbé de
Rancé ; déjà déclarant une guerre généreuse
à ses penchants, qu'il a trop longtemps mé-
nagés, il essaie sous les habits du siècle, le
nouveau genre de vie auquel il se dispose.

Rosemberg soupirait après l'instant de
son départ pour la Trappe ; mais parce qu'il
avait renoncé à sa propre volonté pour obéir
aveuglement à celle de Dieu, il différa son
voyage, par le conseil de Massillon, jusqu'au
retour du marquis de Janson, son frère qui
commandait alors les mousquetaires du roi
en Flandre. Dès que le marquis fut à Paris,
Rosemberg le conduisit chez le guide éclairé
et si renommé de sa conscience, voulant se
servir de lui pour manifester sa résolution.

Le marquis en fut surpris, mais n'osa refuser son consentement, dans la crainte de
s'opposer à la volonté de Dieu.

III

Le comte ayant ainsi généreusement rompu tous les liens qui auraient pu l'attacher encore aux créatures, sacrifie au soin de son salut, avec un courage invincible, parents, amis, fortune, espérances flatteuses. Nouveau Rancé, il vole vers le désert, ainsi qu'un cerf altéré court à une source d'eau vive ; il cherche Jésus-Christ par des sentiers hérissés des épines de la pénitence, résolu de porter à jamais la croix de son Sauveur. Disant au superbe et licencieux séjour de Paris un éternel adieu, il arrive dans un désert dont l'horreur ne l'effraie plus, tombe aux genoux de l'abbé, lui déclare le sujet qui l'amène, et demande avec instance d'être admis à l'heure même aux épreuves du noviciat. Le chef de ces pieux cénobites avait, par une longue expérience, appris à discerner les divers mouvements du cœur et les différents principes qui les produisent. Il reconnut dans l'humble pénitent cette brebis égarée que le bon pasteur rapporte joyeux et triomphant au bercail. Il l'y admit au moment même, et crut que, dans une rencontre si peu ordinaire, et pour un sujet qui paraissait si digne d'une distinction favorable, il pouvait déroger à la loi établie dans son monastère. Ainsi, le 7 décembre 1702, il donna l'habit de ses solitaires au comte de Rosemberg, et lui fit prendre le nom de Benjamin; il semblait qu'en même temps il lui communiquât les vertus du célèbre anachorète, qui, portant le même nom, s'était enfui de la cour des empereurs dans le désert de Scété. Les pressentiments de l'abbé sur l'avenir de cet homme du monde se vérifièrent bientôt de la manière la plus constante. Le maître des novices éprouva son nouveau disciple, et le trouva toujours insatiable d'humiliation et de mortification. Ses progrès dans la vertu étaient rapides en tous genres, et si frappants que les plus parfaits d'entre les solitaires en éprouvaient à chaque instant une nouvelle surprise mêlée d'admiration. Tout fut changé en lui, et sa complexion, naturellement délicate, devint robuste, et sembla se renouveler par les jeûnes, les veilles et le travail. Il fit ses vœux en 1703 ; depuis cette époque surtout, l'on vit le frère Benjamin voler, pour ainsi dire, dans la voie de la perfection.

Nous ne pouvons donner une plus juste idée des progrès de la grâce dans cette âme privilégiée, qu'en écoutant le nouveau cénobite raconter lui-même, deux ans avant sa mort, les détails intérieurs de sa vie pénitente à son directeur, qui lui avait ordonné de les mettre par écrit. C'est ainsi qu'un seul jour des saints travaux de Benjamin nous révèle le secret de sa glorieuse carrière. Écoutons ce langage d'une céleste simplicité.

« Après avoir vu les horreurs de ma vie passée, mon très-révérend Père, vous m'avez ordonné de vous marquer mes sentiments et mes dispositions. Depuis que la miséricorde de Jésus-Christ m'a retiré dans sa maison, il n'y a pas une seule de ces dispositions qu'on ne doive regarder comme un miracle, par l'opposition qui était en moi à une vie pénitente, et cette opposition était devenue comme invincible par les habitudes que j'avais contractées : j'avais de l'horreur pour les moindres peines du corps et de l'esprit; jamais homme n'a été plus paresseux et n'a tant aimé ses commodités.

« Cela paraît d'abord incompatible avec la vie de l'armée que j'ai menée si longtemps; mais, outre que l'ambition et la vanité m'y portaient, j'avais trouvé le moyen d'en diminuer les peines, et de les faire servir à mieux goûter les soulagements que je me donnais.

« Quelque grande que fût cette opposition de mon corps à la pénitence, celle de mon esprit et de ma volonté l'était infiniment davantage. Cet esprit si borné et si rempli de ténèbres, était attaché à son sens au-delà de tout ce qu'on peut s'imaginer. Il jugeait souverainement de tout, et condamnait tout ce qui n'était pas à son gré. Pour ma volonté, c'était une volonté de fer, incapable de plier sous quelque puissance que ce pût être, et elle en faisait gloire. Joignez à cela un tempérament violent, emporté, impatient, une humeur chagrine et contrariante : quelles dispositions, mon très-révérend Père, pour la Trappe, où la pénitence extérieure ou intérieure est une destruction complète de la nature ! »

Pécheurs, qui que vous soyez, avez-vous à faire de vous-mêmes un plus triste tableau? Mais doit-on jamais se décourager? Considérez à présent, non plus le comte de Rosemberg, mais le frère Benjamin.

« Mais qui pourra jamais assez admirer la miséricorde de Jésus-Christ et la puissance de sa grâce ! Elle fit en moi un ren-

versement, un changement si prodigieux
non pas peu à peu et par habitude, mais
tout d'un coup et dans un moment, qu'à
commencer dès le premier jour que je fus
reçu dans cette sainte maison, les jeûnes,
les veilles, les travaux, la nourriture, le
silence, les humiliations, ce renoncement
si entier à son propre esprit et à sa propre
volonté, cette multiplicité de règlements
qui demandent une attention qui ne
soit jamais interrompue, enfin toutes les
autres pratiques de pénitence, non-seulement n'eurent pour moi rien de dur et de
difficile, mais elles me parurent aisées,
douces et aimables. Tous les désirs de mon
cœur étaient que Dieu me les fît pratiquer
avec une fidélité qui répondît à ses bontés
pour moi, et ce n'a pas été une disposition
passagère. Sa miséricorde l'a toujours aug-
mentée en moi jusqu'à présent.

» J'ai regardé, mon très-révérend Père,
comme un des plus grands effets de cette
miséricorde, de m'avoir ainsi aplani toutes
difficultés, car comme la faiblesse de mon
âme était extrême par tant de blessures mor-

t elles que le péché lui avait faites, la moindre difficulté aurait été capable de me re-
buter. »

O pécheur heureusement touché par le
repentir, dis, mon frère bien-aimé, si le
Seigneur n'en a pas agi avec toi avec autant
de bonté, d'indulgence et de mansuétude?

« Je vis tout d'un coup de nouveaux
cieux, et je me trouvais, avec une joie que
je ne saurais exprimer, dans une terre nouvelle, au lieu de cette agitation, de ce trouble, de cette inquiétude, que les passions
entrainent après elles quand on s'y aban-
donne ; au lieu de cette vie du monde qui
est le règne du démon, par l'amour de soi-
même, l'envie, la haine, la dissension, le
désordre, la confusion, je ne voyais plus que
le règne de Jésus-Christ, la douceur, l'ordre, le repos, la paix, et cette charité qui
fait connaître ses véritables disciples. C'est
de cette charité que je fus le plus frappé,
parce qu'il n'y a rien de plus contraire à
l'esprit du monde. Je ne pouvais me lasser
d'admirer tous ces hommes, si différents
d'âge, de pays, d'humeur, qui sans se con-

naître, s'aimaient et se servaient avec un soin et un empressement que l'amour seul de Jésus-Christ peut produire. »

Ames chancelantes! lisez l'histoire de Benjamin, et vous y apprendrez si la pénitence est semée d'épines ou de roses.

« J'ai même éprouvé à la lettre cette promesse du centuple que Jésus-Christ fait dans l'Evangile. Car à la place de ce que j'ai laissé dans le monde, j'ai trouvé, dans mes supérieurs, des pères d'une charité infinie. et combien de véritables frères, moi qui n'ayant jamais rien aimé que par rapport à moi-même, mériterais que toutes les créatures me foulassent aux pieds! Jésus-Christ s'est rendu visible à moi, en la personne de notre révérend Père abbé de la Trappe et en la vôtre, mon très-révérend Père. Et pour mes frères, je les regarde comme autant d'anges gardiens qui m'aiment et me soutiennent par leur exemple et par leurs prières. J'étais pauvre dans le monde avec un bien raisonnable, et je l'aurais toujours été, quelque bien que j'eusse pu avoir; parce que mes cupidités n'avaient point de

bornes. Et je suis riche ici, ayant abondam-
ment le nécessaire, et, par là la grâce de
Dieu, plus que je ne désire. »

Vous que la charité a crucifiés avec Jésus-
Christ, reconnaissez ici votre langage, celui
d'un ardent amour des peines, des privations
et des croix de tout genre.

« Dieu m'a fait regarder nos règlements
dans leur vérité, c'est-à-dire comme nos armes, notre force et notre défense ; et il me
semble, mon très-révérend Père, que c'est
particulièrement dans nos règlements que
Dieu a marqué la préférence avec laquelle il
nous a traités ; car personne ne doute que
la perfection ne consiste à connaître et à
faire la volonté de Dieu en tout temps et en
toutes choses. Cependant comme dans les
observances même les plus réglées il y a
nombre de petites actions qui ne sont point
déterminées du tout, ou qui du moins ne le
sont pas pour la manière de les faire, il est
toujours à craindre que la propre volonté ne
s'y glisse, même sans qu'on s'en aperçoive.
Mais ici tout est déterminé, tout est commandé, et, si je suis fidèle, il n'y a pas un

seul moment où je ne puisse faire à Jésus-Christ un sacrifice de ma propre volonté. Quelle grâce ! quel bonheur !

Quelle distance, ô mon Dieu ! de l'état délicieux de vos amis, à la situation pénible et contrainte des partisans du siècle.

« Il faut avouer, mon très-révérend Père, que les gens du monde sont bien malheureux, et qu'ils sont dans une grande erreur sur notre sujet. Ils nous regardent comme des gens accablés sous le poids de la pénitence, sans joie ni consolation ; mais il leur serait aisé de se désabuser, s'ils voulaient comparer l'état où ils se trouvent avec celui où nous nous trouvons, je dis même par rapport à la vie présente ; ils cherchent le bonheur dans tout ce qui peut contenter leurs passions et leurs sens , et non-seulement leurs faux plaisirs s'évanouissent en un moment, mais même ils se changent en de véritables peines, par les dégoûts, les incommodités et les autres mauvaises suites. Mais si leurs plaisirs deviennent des peines, on peut dire que leurs peines sont des peines de damnés, puisqu'elles ne produisent que plaintes, que murmures, qu'impatience, qu'emportements, que troubles et que craintes. Ils ne connaissent ni repos ni paix, et dans le temps même où ils ont tout à souhait, ils ne sauraient éviter l'ennui. Ajoutez à cela la crainte de la mort qui les fait trembler à la moindre maladie. »

Amis et disciples de la croix, oh! que vous êtes heureux dès cette vie même! Que je vous plains, aveugles victimes du siècle! hélas! dès à présent vous commencez votre enfer.

« Pour nous, il est vrai que nous sommes obligés de faire une guerre continuelle à nos sens et à nos passions; mais ce n'est pas nous seuls qui la faisons, la grâce de Jésus-Christ la fait avec nous; c'est cette grâce qui combat pour nous contre nous-mêmes, mais elle veut bien partager avec nous l'honneur de la victoire; c'est elle qui remplit toutes nos journées, et qui nous les fait toujours trouver trop courtes; c'est elle qui nous conserve dans la joie et dans la paix, au milieu des tentations et des travaux de la pénitence, c'est elle qui change en notre faveur la nature des peines et de la mort même, puisqu'elle fait trouver de la joie dans les souffrances, et que cette mort si terrible, elle la rend douce et aimable. Quelle différence entre ces deux états, mon très-révérend Père, même pour le temps ! mais quelle différence pour l'éternité ! »

Qu'il est doux à l'âme pénitente d'épancher les tendres sentiments de reconnaissance dont elle se sent pénétrée ! »

« Peut-on jamais assez ressentir la grâce que Dieu fait, quand il appelle dans cette maison ! mais si elle doit paraître d'un si grand prix à tous ceux qu'il en a favorisés, comment est-ce, mon très-révérend Père, que je le dois considérer, moi qui étant, comme vous le savez, le plus grand de tous les pécheurs, me suis rendu le plus indigne de cette grâce ? car enfin, plus les péchés sont grands, et plus est grande la miséricorde de Jésus-Christ envers ceux à qui il la fait, et plus leurs obligations sont grandes. Celui à qui il a été le plus remis est celui qui doit l'aimer le plus, et l'on demande plus à celui qui a le plus reçu. D'un côté, la gran-

leur de mes péchés ; de l'autre, celle de mes
obligations; que de sujets de trembler ! Mais
ce qui doit faire admirer la grandeur de la
miséricorde de mon Sauveur et de mon Dieu,
c'est que, m'ayant toujours mis ces objets
si terribles devant les yeux, il n'a jamais
permis que j'en fusse troublé, et qu'en me
faisant voir un abîme de corruption et de
misères, il m'a toujours présenté en même
temps un abîme de miséricorde, et c'est par
là qu'il a toujours conservé la paix dans le
fond de mon cœur.

» Mais quand je pense que le plus juste
n'est pas exempt de péché, et que moi qu
ne suis que corruption et que faiblesse, je
ne fais pas une seule action qui réponde à
mes obligations, et qui ne soit digne de châ-
timent, je vous avoue, mon très-révérend
Père, que je sens en moi un désir ardent de
la mort pour ne plus offenser cette majesté
et cette bonté infinie, qui m'a comblé de
tant de grâces avec tant de profusion, et pour
aller chanter ses miséricordes dans l'éternité.

BENJAMIN. »

IV

L'année 1704, le grand-duc de Toscane desirant rétablir dans ses états la primitive observance de Citeaux, dans une abbaye du même ordre, située au pied du mont Senna-rion, demanda à l'abbé de la Trappe un nombre suffisant de religieux pour parvenir à ce but. L'abbé jeta aussitôt les yeux sur le frère Benjamin, qui n'avait d'autre volonté que celle d'obéir en tout. Il partit donc avec huit autres, sous la conduite de l'abbé Malachie, homme d'un mérite extraordinaire et d'une expérience consommée. Ils se mirent en route dans le fort de l'hiver, et avec le même recueillement que s'ils fussent sortis de leurs cellules pour se rendre à l'église. Le cardinal de Noailles, archevêque de Paris, les logea dans une de ses maisons de campagne. Les parents, les amis et quelques anciens domestiques de Benjamin, y accoururent pour le voir ; mais dès qu'il les apercevait, il se prosternait le visage contre terre, et ne se relevait que lorsque son supérieur le lui ordonnait ; son esprit était d'ailleurs tellement uni à Dieu, que toujours, dans ces rencontres, il voyait sans voir, il écoutait sans entendre, et paraissait si peu sensible aux témoignages d'attachement qu'on lui donnait, qu'il ne répondait pas un seul mot, à moins que l'abbé n'interposât son autorité pour le faire parler. Parmi ses domestiques, se trouvait un Turc autrefois son esclave, et que depuis il avait affranchi. Ce bon serviteur, transporté de joie, voulait baiser les pieds de son ancien maître. Benjamin l'arrête, se jette lui-même à ses genoux, puis l'embrassant tendrement : « Vous ne devez plus me regarder, lui dit-il, comme votre maître, mais comme votre frère ou plutôt comme votre serviteur. » Le marquis Salviati, l'envoyé de Toscane, fut tellement pénétré de ce trait d'humilité profonde, qu'on l'entendit s'écrier plusieurs fois : « Benjamin, que j'envie votre sort ! que ne donnerais-je point pour obtenir la grâce de vous imiter ! Il ne négligea rien pour hâter le départ des saints religieux, qu'il brûlait de voir en Toscane. La modestie et le recueillement de Benjamin se démentirent si peu pendant tout le voyage, qu'on ne l'aperçut pas une seule fois lever les yeux. En passant par le Dauphiné et la Provence, il reçut la visite d'un grand nombre de personnes de qualité, et entre autres de l'évêque de Marseille, son cousin. Il resta en sa présence, comme il était toujours, dans le silence, et les yeux baissés. Quelqu'un lui ayant demandé pourquoi il n'avait rien dit au pontife de Marseille, il répondit avec beaucoup de simpli-

cité : « On ne me l'avait pas ordonné. »
Pendant le séjour que nos voyageurs firent
à Marseille, pour attendre l'arrivée d'une
galère, notre généreux pénitent reçut une
lettre de sa mère; cette pieuse mère lui té-
moignait le plus vif désir de le voir, et lui
demandait, pour ainsi dire, la permission de
se rendre près de lui, pour lui dire le dernier
adieu. Le frère Benjamin, s'élevant au-dessus de la nature, voulut, par un effort su-
blime, se priver d'une si touchante consolation, et renoncer à toute la douceur qu'il eût
ressentie dans ces derniers élans de l'amour
maternel.

La traversée de Marseille à Livourne fut
longue et périlleuse; la tranquillité de Benjamin n'en fut pas altérée, ni sa méditation
continuelle interrompue. Il n'avait dit à personne que son frère, le marquis de Jonson,
fût commandant de la ville d'Antibes; aussi
les religieux parurent ils extrêmement surpris des honneurs qu'on leur rendit à l'instant
où la galère entra dans le port; le lieutenant
du roi cherchant le frère du commandant
avec un empressement marqué, au milieu

des solitaires, le complimenta de la manière
la plus respectueuse, et avec les plus flatteuses expressions. Benjamin, à ce discours,
demeura comme immobile, sans regarder
l'orateur, ni lui répondre un seul mot.

Arrivés en Toscane, nos voyageurs furent
reçus par le grand duc avec une extrême
bonté. Ce pieux souverain distingua bientôt
le mérite et les vertus du cénobite, qui ne
cherchait qu'à se cacher ; enfin Son Altesse
le laissa partir pour Bansolas, lieu qu'ils
allaient habiter, et où ils désiraient ardemment de se voir établis. La ferveur de Benjamin, son amour inexprimable pour la mortification , semblèrent redoubler à cette
époque, et le cardinal de Janson, son oncle,
fut singulièrement surpris en voyant le
changement prodigieux opéré dans la personne de son neveu. Il passa deux heures
enfermés avec lui, et S. E. sortit de cet en-
tretien inondé de larmes, et ne pouvant se
lassér d'admirer la force toute-puissante et
la grâce du Très Haut.

V

Entre tant de vertus dont le Seigneur se plut à orner l'âme de son serviteur, on remarquait surtout une exprimable humilité ; il briguait constamment auprès de son abbé les plus vils emplois du monastère, il les obtenait à force d'instances. Il soupirait après le mépris, et ne pouvait souffrir qu'on l'honorât, s'estimant le plus grand pécheur qui fût sur la terre. A Marseille, il avait reconnu parmi les forçats deux soldats du régiment dont il avait été major, et aussitôt il s'était jeté à leurs pieds, protestant hautement qu'il avait mérité plus qu'eux d'être à la chaîne, et qu'il s'y mettrait avec plaisir pour les en délivrer. Il fit demander leur grâce avec tant d'instances qu'on ne put la lui refuser.

La source d'une humilité si profonde était le regard continuel qu'il reportait sur ses anciennes iniquités. Sa joie semblait extrême lorsque ses supérieurs, pour seconder ses désirs, le reprenaient en plein chapitre avec une sévérité apparente, ou que ses frères lui reprochaient publiquement quelque faute involontaire. L'obéissance exacte jusque dans les plus petites choses, faisait son bonheur Aussi désirait il recevoir des ordres de son supérieur, même pour ses actions les plus communes et les plus indifférentes, telles que la qualité et la quantité des aliments qu'il se permettait de prendre. « Les moindres actions, disait-il souvent, deviennent d'un grand prix devant Dieu, quand l'obéissance en est le principe et le motif. » -

Son amour pour la pauvreté lui faisait

souhaiter de vivre et de mourir dans un dénument absolu. Insensible à tout ce qui regardait la vie temporelle, il ne se nourrissait presque uniquement que de pain et d'eau. A cette mortification continuelle il joignait une patience héroïque dont nous pourrions citer une infinité de traits. Un jour, entre autres, consumé d'une fièvre brûlante, il se trouvait près de la fenêtre qu'on avait oublié de fermer, et où le soleil dardait avec force. Le malade en soutint l'ardeur plusieurs heures de suite avec une patience incroyable, et il y resta si longtemps, qu'il en fut réduit à l'extrémité. On lui demanda enfin pourquoi il n'avait point changé de place, ou fait fermer la fenêtre; il répondit avec un calme admirable, qu'il n'avait pas cru pouvoir le faire sans permission.

La charité de Benjamin envers ses frères se manifestait à chaque instant, et quel que fût son recueillement, il avait toujours les yeux ouverts sur leurs besoins ou leurs souffrances, afin d'en donner aussitôt avis aux supérieurs. Quel attendrissement n'éprouvait-il pas lorsqu'il les voyait malades ! quel intérêt ne prenait-il pas à leurs afflictions ! Ils étaient sans cesse l'objet de ses vœux dans l'oraison ; et ce saint exercice occupait la plus grande partie de sa vie. Dieu lui avait accorddé le don des larmes, et il y trouvait une douceur que les mondains n'éprouvent jamais dans leurs plaisirs imaginaires. Il obtint du Seigneur, dans l'oraison, une grâce bien particulière. Après avoir fait inutilement, pendant cinq années, tous les efforts dont sa mémoire était capable pour apprendre le psautier, il résolut d'attendre cet avantage de la seule libéralité du divin Maître ; il s'adressa donc à lui pour l'obtenir, et fut exaucé à l'instant.

Son abbé, reconnaissant qu'il était tout à Dieu, désira l'élever au sacerdoce ; mais l'humilité de Benjamin frémit à cette proposition, et il y opposa avec inflexibilité les dérèglements de sa vie passé. Il les exposa aux yeux de son supérieur en faisant ressortir toute leur énormité, et en demandant avec instance qu'il lui fût permis d'en faire une confession publique, en présence de toute la communauté. L'abbé, craignant de lui faire de la peine, ne lui parla plus de son projet, et mourut en 1709. Benjamin ne put s'empêcher d'envier son sort ; il lui tardait d'être dégagé des liens de la vie. Un peu avant que le bon abbé Malachie expirât, Benjamin lui dit qu'il espérait le suivre bientôt, et qu'il le priait d'obtenir pour lui cette grâce de la bonté de Dieu. Il l'obtint, en effet, au commencement de l'année suivante ; attaqué d'une maladie mortelle, il fit en vain tous les remèdes que l'on crut devoir lui procurer du soulagement, et conjura bientôt qu'on cessât de lui donner certains rafraîchissements accordés aux malades. Il arracha même à son supérieur la permission d'observer la règle. Il pouvait à peine marcher avec un appui ; son corps était exténué et presque consumé par le mal ; mais son âme semblait animée d'une ardeur toute nouvelle.

Cependant à mesure que le danger devenait plus prochain, son désir de mourir devenait plus ardent. Il craignait si vivement le péché, que plutôt de s'exposer au péril d'en commettre un seul (danger dont cette vie mortelle ne peut être exempte), il eût préféré demeurer dans le purgatoire jusqu'à la fin du monde. La vue de ses fautes passées le pénétrait d'une douleur inexprimable. Son supérieur ranimait alors sa confiance, en lui rappelant la divine miséricorde. Ce fut dans ces sentiments d'humilité, de componction et d'amour, qu'il reçut le saint Viatique et l'extrême onction, et qu'il expira dans la paix le 21 juin 1710, après avoir prononcé ces paroles : « Jésus, mon unique espérance, et vous, sainte Vierge, qui l'êtes après Jésus, votre fils. » Cette belle âme s'envola dans le sein de son Dieu, au moment où l'on préparait la paille et la cendre sur laquelle il avait ardemment désiré de mourir.

Chrétiens de tous les rangs et de toutes les conditions, ne pensez pas que si vous avez mille traits de ressemblance avec l'infortuné comte de Rosemberg, l'heureux Benjamin doive vous demeurer absolument étranger. Il ne s'agit pas précisément d'embrasser le genre extraordinaire de pénitence qu'a si gé-

néreusement suivi l'ancien émule de vos égarements. Ce sacrifice est sans doute au-dessus
des forces, ou disons mieux, de la faiblesse
du plus grand nombre. Il serait d'ailleurs
indiscret, il ne plairait pas au souverain Maître, si sa voix, si nos consciences ne l'avaient
commandé ; on ne peut dissimuler même que
cette vocation au désert et à une effrayante
pénitence, soit la vocation d'un petit nombre
d'êtres privilégiés par l'adorable maître. Mais
ne nous y trompons pas : si nous n'avons
point à échanger nos riches vêtements pour
la bure de Benjamin, si nous ne sommes pas
tenus de quitter des appartements commo-
des pour habiter sa cellule, nos couches
molles et sensuelles pour la planche sur laquelle il reposa ses membres et son corps
exténués par les jeûnes et les austérités, nous
n'en sommes pas moins obligés de nous re-
vêtir de son esprit et de faire pénitence. Il
n'est point de péché pardonné qui n'ait été
pleuré. Il n'est point de péché commis qui
ne doive être puni, ou par celui qui s'est
rendu coupable, ou par le Très-Haut, que sa
créature rebelle a si imprudemment bravé.

C'est un pécheur qui parle ici à des pécheurs ;
c'est donc à moi d'abord, et puis à vous, mes
bien-aimés, que je dis et que je répète : Benjamin, le bienheureux Benjamin vient nous
ouvrir la carrière. Il faut la parcourir après
lui, il faut que l'ayant imité, surpassé peut-
être dans ses égarements, nous effacions les
nôtres, comme lui, par les regrets d'un cœur
brisé de componction. Mais qu'une si impor-
tante obligation ne nous épouvante point :
l'enfer à refermer sous nos pas, voilà ce qui
doit nous occuper le reste de nos jours, jours
de regrets et de pénitence. Cœurs pusillani-
mes et lâches, pour vous animer d'un beau
zèle contre des désordres trop longtemps mé-
nagés, écoutez deux grands hommes qui
vous ont l'un et l'autre aplani la voie étroite
qui mène à la céleste patrie. Le premier,
c'est le fameux Tertullien ; hélas ! que ne
s'est-il appliqué à lui-même la noble maxi-
me qu'il énonce. Passer, nous dit-il, du vice
à la vertu, *à vitiis ad virtutem transmeare*,
c'est quelque chose de plus grand que de
n'avoir jamais connue le vice, *plus est quam
vitia nescisse.* Le second, c'est le grand saint

Jean Climaque. J'estime que ceux-là sont heureux, nous dit-il, qui pleurent ainsi après leur chute, *qui post lapsum ità lugent*; que ceux qui ne sont jamais tombés, *qnum qui nunquàm lapsi sunt*.

PRATIQUE.

Heureux Benjamin, c'est dans ta pauvre cellule que je me prosterne au pied de ta couche funèbre, et que je forme les dispositions suivantes : 1° de craindre le monde, de le considérer comme un vil adulateur, comme un débiteur frauduleux, comme un tyran impitoyable; 2° de m'arracher, s'il le faut, au commerce de mes anciens amis, parce qu'ils continuent de marcher dans les voies du péché, où je les ai si longtemps suivis moi-même ; 3° d'opposer l'histoire de mes désordres aux cris de la nature, quand elle répugnera à se contraindre, quand elle voudra tout s'accorder, quand elle ne se manifestera que sensuelle et coupable; 4° de ne plus reculer après avoir eu le bonheur d'entrer dans la voie du salut ; mais de me forcer d'y faire chaque jour quelque progrès pour atteindre au bonheur de régner à jamais dans le sein du Dieu de clémence et de miséricorde.

DE L'EMPLOI DE LA FORTUNE

Si vous avez de la fortune, quel emploi plus avantageux pouvez vous en faire que d'en acheter des cœurs? La joie toujours sombre et toujours inquiète que l'avarice goûte à contempler cet amas d'or et d'argent, aussi inutile pour elle-même que pour les autres, pourrait-elle jamais être comparée à celle qu'éprouve une âme généreuse en se faisant aimer par des bienfaits?

Un calife, qui faisait jeter de l'or dans les coffres de son palais, s'écriait :

« Fasse le ciel que je vive assez pour les remplir ! »

A ces mots, son favori frémit d'indignation, et voulut s'éloigner. Le calife l'arrêta.

— Où vas-tu ? lui dit-il.

— Pardonnez-moi, Seigneur, répondit le favori ; je me suis rappelé avoir accompagné votre aïeul en ce même lieu ; son père avait fait, comme vous, remplir ces coffres. En les voyant, il soupira, des larmes coulèrent de ses yeux, et il dit :

« O Dieu ! faites-moi vivre assez pour employer ces richesses à rendre mes sujets heureux. »

On est digne de son bonheur quand on aime à le partager. Tel était Henri II, duc de Montmorency, qui, par ces belles qualités, s'acquit l'estime de toute la France.

Comme ce seigneur voyageait dans le Languedoc, dont il était gouverneur, il aperçut dans un champ quatre laboureurs qui dînaient à l'ombre d'un buisson.

« Approchons-nous de ces bonnes gens,

dit-il à un de ceux qui l'accompagnaient, et demandons-leur s'ils se croient heureux. »

Tous trois répondirent que, bornant leur félicité à certaines commodités de leur condition que Dieu leur avait données, ils ne souhaitaient dans le monde rien de plus que ce qu'ils avaient. Le quatrième avoua franchement qu'une chose manquait à son bonheur : c'était de pouvoir acquérir un certain héritage que ses pères avaient possédé.

— Et si tu l'avais cet héritage, dit le duc, serais-tu content?

— Autant que je puisse l'être, répondit le paysan.

— Combien vaut-il?

— Deux mille francs, répondit-il.

— Qu'on les lui donne, reprit le duc, et qu'il soit dit que j'aie rendu un homme heureux en ma vie.

On lit dans la vie du chevalier Bayard un trait qui nous paraît encore plus beau, parce que ce guerrier n'avait ni les moyens ni la fortune du duc de Montmorency.

Durant les guerres d'Italie, Bayard apprit qu'un trésorier devait porter aux ennemis une grande somme. Résolu de mettre la main sur l'homme et sur son trésor, il alla se placer en embuscade avec vingt hommes, et envoya d'un autre côté Tardieu, l'un de ses hommes d'armes, avec vingt-cinq soldats, afin que, si le trésorier échappait à l'un, l'autre ne le manquât pas. Il passa par où était Bayard, qui fondit sur lui. Le trésorier et son escorte, croyant avoir toute une armée à leurs trousses, s'enfuirent sans regarder derrière eux. On atteignit le trésorier : il fut conduit dans la ville où Bayard était en garnison, et l'on trouva dans sa caisse quinze mille ducats.

En ce moment arriva Tardieu, qui fut ébloui de ces belles médailles, et qui n'en regrettait que davantage que la fortune ne lui eût donné la préférence sur Bayard.

— Mon camarade, lui dit-il, j'ai ma part là-dessus, comme ayant été de l'entreprise.

— Vous avez été de l'entreprise, répliqua Bayard, mais non pas de la prise ; et même quand vous en auriez été, n'êtes-vous pas sous mes ordres?

Tardieu devint furieux à cette réponse, et alla porter ses plaintes au général français, qui adjugea la prise à Bayard. Celui-ci, pour se divertir aux dépens de Tardieu, mit devant lui les ducats en monceau sur une table.

— Camarade, lui dit-il, voilà de belles dragées ; qu'en dites vous ?

— Je dis, répondit-il avec un grand soupir qu'elles sont belles, mais que je n'en tâterai pas; cependant la moitié de cela m'aurait bien accommodé, et me mettrait à mon aise pour le reste de ma vie.

— Ne tient-il qu'à cela, mon ami, reprit Bayard, pour que vous soyez heureux le reste de vos jours ? Ne regrettez pas de n'avoir pas mis la main dessus plus tôt que moi : ce dont le hasard ne vous a pas favorisé, je vous le donne de bon cœur; la moitié de cela est pour vous.

Tardieu croyait que le chevalier continuait à le plaisanter ; mais quand il vit compter et partager l'argent, et que Bayard lui en eut mis la moitié entre les mains :

— Hélas ! mon cher maître, mon ami, s'écria-t-il en se jetant aux genoux du chevalier et versant des larmes de joie, comment reconnaîtrai-je le bien que vous me faites.

— Ne parlez pas de si peu de chose, mon compagnon, répondit Bayard, c'est le moins que je voulusse faire, et que je ferais pour vous, si j'en avais la puissance.

Cependant le bienfait se trouva si considérable pour Tardieu qu'il en fut riche toute sa vie, et qu'il épousa, dans la Bourgogne, sa patrie, une héritière de trois mille livres de rente, fille d'un gentilhomme.

LES AVENTURES

D'ARISTONOUS.

Sophronime, ayant perdu les biens de ses
ancêtres par des naufrages et par d'autres
malheurs, s'en consolait par sa vertu dans
l'île de Délos; là il chantait sur une lyre
d'or les merveilles du dieu qu'on y adore; il
cultivait les muses, dont il était aimé; il re-
cherchait curieusement tous les secrets de la
nature, le cours des astres et des cieux,
l'ordre des éléments, la structure de l'uni-

vers, qu'il mesurait de son compas, la vertu des plantes, la conformation des animaux ; mais surtout il s'étudiait lui-même, et s'appliquait à orner son âme par la vertu ; ainsi la fortune, en voulant l'abattre, l'avait élevé à la véritable gloire qui est celle de la sagesse.

Pendant qu'il vivait heureux sans bien dans cette retraite, il aperçoit un jour sur le rivage de la mer un vieillard vénérable qui lui était inconnu : c'était un étranger qui venait d'aborder dans l'île. Ce vieillard admirait les bords de la mer, dans laquelle il savait que cette île avait été autrefois flottante ; il considérait cette côte où s'élevaient au-dessus des sables et des rochers de petites collines toujours couvertes d'un gazon naissant et fleuri ; il ne pouvait assez regarder les fontaines pures et les ruisseaux rapides qui arrosaient cette délicieuse campagne ; il s'avançait vers les bocages sacrés qui environnaient le temple du dieu ; il était étonné de voir cette verdure que les aquilons n'osaient jamais ternir ; et il considérait déjà le temple d'un marbre de Paros, plus

blanc que la neige, environné de hautes co-
lonnes de jaspe. Sophronime n'était pas
moins attentif à considérer ce vieillard : sa
barbe blanche tombait sur sa poitrine, son
visage ridé n'avait rien de difforme ; il était
encore exempt des injures d'une vieillesse
caduque : ses yeux montraient une douce
vivacité; sa taille était haute et majestueuse,
mais un peu courbée, et un bâton d'ivoire
le soutenait. O étranger, lui dit Sophronime,
que cherchez vous dans cette île, qui paraît
vous être inconnue? Si c'est le temple du
dieu, vous le voyez de loin, et je m'offre de
vous y conduire ; car je crains les dieux, et
j'ai appris ce que Jupiter veut qu'on fasse
pour secourir les étrangers.

J'accepte, dit le vieillard, l'offre que vous
me faites avec tant de marques de bonté ; je
prie les dieux de récompenser votre amour
pour les étrangers : allons vers le temple.
Dans le chemin il raconta à Sophronime le
sujet de son voyage : Je m'appelle, dit-il,
Aristonoüs, natif de Clozomène, ville d'Ionie,
située sur cette côte agréable qui s'avance
dans la mer, et semble s'aller joindre à l'île

de Chio, fortunée patrie d'Homère : je naquis de parents pauvres, quoique nobles ; mon père, nommé Polystrate, qui était déjà chargé d'une nombreuse famille, ne voulut point m'élever ; il me fit exposer par un de ses amis de Théos ; une vieille femme d'Erythrée, qui avait du bien auprès du lieu où l'on m'exposa, me nourrit de lait de chèvre dans sa maison ; mais comme elle était pauvre, dès que je fus en âge de servir, elle me vendit à un marchand d'esclaves qui me mena dans la Lycie. Ce marchand me revendit, à Patare, à un homme riche et vertueux nommé Alcine, et Alcine eut soin de moi dans ma jeunesse : je lui parus docile, modéré, sincère, affectionné, et appliqué à toutes les choses honnêtes dont on voulut m'instruire il me dévoua aux arts qu'Apollon favorise ; il me fit apprendre la musique, les exercices du corps, et surtout l'art de guérir les plaies des hommes. J'acquis bientôt une assez grande réputation dans cet art qui est si nécessaire ; et Apollon, qui m'inspira, me découvrit des secrets merveilleux. Alcine, qui m'aimait de plus en plus, et qui

était ravi de voir le succès de ses soins pour
moi, m'affranchit et m'envoya à Polycrate,
tyran de Samos, qui, dans son incroyable
félicité, craignait toujours que la fortune,
après l'avoir si longtemps flatté, ne le trahit
cruellement. Il aimait la vie, qui était pour
lui pleine de délices ; il craignait de la perdre, et voulait prévenir les moindres appa-
rences de maux : ainsi il était toujours environné des hommes les plus célèbres dans
la médecine. Polycrate fut ravi que je voulusse passer ma vie auprès de lui : pour m'y
attacher, il me donna de grandes richesses,
et me combla d'honneurs. Je demeurai
longtemps à Samos, où je ne pouvais assez
m'étonner de voir que la fortune semblait
prendre plaisir de le servir selon tous ses
désirs : il suffisait qu'il entreprît une guerre,
la victoire suivait de près ; il n'avait qu'à
vouloir les choses les plus difficiles, elles se
faisaient d'abord comme d'elles-mêmes : ses
richesses immenses se multipliaient tous les
jours ; tous ses ennemis étaient à ses pieds;
sa santé, loin de diminuer, devenait plus
forte et plus égale : il y avait déjà quarante

ans que ce tyran, tranquille et heureux, te-
nait la fortune comme enchainée, sans qu'elle
osât jamais le démentir en rien, ni lui causer
le moindre mécompte dans tous ses desseins.
Une prospérité inouïe parmi les hommes me
faisait peur pour lui : je l'aimais sincèrement, et je ne pus m'empêcher de lui découvrir ma crainte : elle fit impression dans son
cœur; car, encore qu'il fût amolli par les
délices et enorgueilli de sa puissance, il ne
laissait pas d'avoir quelques sentiments d'hu-
manité quand on le faisait ressouvenir des
dieux et de l'inconstance des choses humaines. Il souffrit que je lui disse la vérité, et il
fut si touché de ma crainte pour lui, qu'enfin il résolut d'arrêter le cours de ses pros-
pérités par une perte qu'il voulait se préparer lui-même. Je vois bien, me dit-il, qu'il
n'y a point d'homme qui ne doive en sa vie
éprouver quelques disgrâces de la fortune;
plus on a été épargné d'elle, plus on a à
craindre quelque révolution affreuse : moi,
qu'elle a comblé de biens pendant tant d'années, je dois attendre des maux extrêmes si
je ne détourne ce qui semble me menacer;

je veux donc me hâter de prévenir les trahi-
sons de cette fortune flatteuse. En disant ces
paroles, il tira de son doigt son anneau, qui
était d'un très grand prix, et qu'il aimait
fort, il le jeta en ma présence, du haut d'une
tour dans la mer, espérant par cette perte
d'avoir satisfait à la nécessité de subir, du
moins une fois en sa vie, les rigueurs de la
fortune; mais c'était un aveuglement causé
par sa prospérité : les maux qu'on choisit et
qu'on se fait soi-même, ne sont plus des
maux : nous ne sommes affligés que par les
peines forcées et imprévues dont les dieux
nous frappent. Polycrate ne savait pas que
le vrai moyen de prévenir la fortune était de
se détacher par sagesse et par modération
de tous les biens fragiles qu'elle donne. La
fortune, à laquelle il voulut sacrifier son
anneau, n'accepta point ce sacrifice; et Polycrate, malgré lui, parut plus heureux que
jamais. Un poisson avait avalé l'anneau; le
poisson avait été pris, porté chez Polycrate,
préparé pour être servi à sa table; et l'anneau, trouvé par un cuisinier dans le ventre
du poisson, fut rendu au tyran, qui pâlit à

la vue d'une fortune si opiniâtre à le favori-
ser : mais le temps s'approchait où ses pros-
pérités se devaient changer tout à coup en
des adversités affreuses. Le grand roi de
Perse, Darius, fils d'Hystaspe, entreprit la
guerre contre les Grecs ; il subjugua bientôt
toutes les colonies grecques de la côte d'Asie
et des îles voisines qui sont dans la mer
Egée ; Samos fut prise, le tyran fut vaincu,
et Oronte, qui commandait pour le grand
roi, ayant fait dresser une haute croix, y fit
attacher le tyran : ainsi cet homme qui avait
joui d'une si prodigieuse prospérité, et qui
n'avait pu même éprouver le malheur qu'il
avait cherché, périt tout à coup par le plus
cruel et le plus infâme de tous les supplices.
Ainsi rien ne menace tant les hommes de
quelque grand malheur qu'une trop grande
prospérité. Cette fortune, qui se joue cruellement des hommes les plus élevés, tire
aussi de la poussière ceux qui étaient les
plus malheureux : elle avait précipité Polycrate du haut de la roue, et elle m'avait fait
sortir de la plus misérable de toutes les conditions, pour me donner de grands biens.

Les Perses ne me les ôtèrent point; au contraire ils firent grand cas de ma science pour guérir les hommes, et de la modération avec laquelle j'avais vécu pendant que j'étais en faveur auprès du tyran : ceux qui avaient abusé de sa confiance et de son autorité furent punis de divers supplices. Comme je n'avais jamais fait de mal à personne, et que j'avais au contraire fait tout le bien que j'avais pu faire, je demeurai le seul que les victorieux épargnèrent et qu'ils traitèrent honorablement : chacun s'en réjouit, car j'étais aimé, et j'avais joui de la prospérité sans envie, parce que je n'avais jamais montré ni dureté, ni orgueil, ni avidité, ni injustice. Je passai encore à Samos quelques années assez tranquillement; mais je sentis enfin un violent désir de revoir Lycie, où j'avais passé si doucement mon enfance : j'espérais y trouver Alcine qui m'avait nourri, et qui était le premier auteur de ma fortune. En arrivant dans ce pays, j'appris qu'Alcine était mort après avoir perdu ses biens et souffert avec beaucoup de constance les malheurs de sa vieillesse. J'allai répandre

des fleurs et des larmes sur ses cendres; je
mis une inscription honorable sur son tombeau, et je demandai ce qu'étaient devenus
ses enfants : on me dit que le seul qui était
resté, nommé Orciloque, ne pouvant se ré-
soudre à paraître sans biens dans sa patrie,
où son père avait eu tant d'éclat, s'était em-
barqué sur un vaisseau étranger pour aller
mener une vie obscure dans quelque île
écartée de la mer. On ajouta que cet Orciloque avait fait naufrage peu de temps après
vers l'île de Carpathie, et qu'ainsi il ne restait plus rien de la famille de mon bienfaiteur Alcine : aussitôt je songeai à acheter la
maison où il avait demeuré, avec les champs
fertiles qu'il possédait autour; j'étais bien
aise de revoir ces lieux qui rappelaient le
doux souvenir d'un âge si agréable et d'un
si bon maître : il me semblait que j'étais encore dans cette fleur de mes premières années où j'avais servi Alcine. A peine eus-je
acheté de ses créanciers les biens de la succession, que je fus obligé d'aller à Clazomène : mon père Polystrate et ma mère Philide
étaient morts; j'avais plusieurs frères qui

vivaient mal ensemble. Aussitôt que je fus arrivé à Clazomène, je me présentai à eux avec un habit simple, comme un homme dépourvu de biens, en leur montrant les marques avec lesquelles vous savez qu'on a soin d'exposer les enfants. Ils furent étonnés de voir ainsi augmenter le nombre des héritiers de Polystrate, qui devaient partager sa petite succession ; ils voulurent même me contester ma naissance, et il refusèrent devant les juges de me reconnaître. Pour punir leur inhumanité, je déclarai que je consentais à être comme un étranger pour eux ; je demandai qu'ils fussent exclus pour jamais d'être mes héritiers : les juges l'ordonnèrent, et alors je montrai les richesses que j'avais apportées dans un vaisseau ; je leur découvris que j'étais cet Aristonoüs qui avait acquis tant de trésors auprès de Polycrate, tyran de Samos, et que je ne m'étais jamais marié.

Mes frères se repentirent de m'avoir traité si injustement ; et dans le désir de pouvoir être un jour mes héritiers, ils firent les derniers efforts, mais inutilement, pour s'insi-

nuer dans mon amitié; leur division fut
cause que les biens de mon père furent vendus; je les achetai, et ils eurent la douleur
de voir tout le bien de notre père passer entre les mains de celui à qui ils n'avaient pas
voulu en donner la moindre partie : ainsi ils
tombèrent tous dans une affreuse pauvreté.
Mais après qu'ils eurent assez senti leur
faute, je voulus leur montrer mon bon natu-
rel : je leur pardonnai, je les reçus dans ma
maison ; je leur donnai à chacun de quoi ga-
gner du bien dans le commerce de la mer ;
je les réunis tous : eux et leurs enfants de-
meurèrent ensemble paisiblement chez moi ;
je devins le père commun de toutes ces dif-
férentes familles : par leur union et par leur
application au travail ils amassèrent bientôt
des richesses considérables. Cependant la
vieillesse, comme vous le voyez, est venue
frapper à ma porte; elle a blanchi mes che-
veux et ridé mon visage; elle m'avertit que
je ne jouirai pas longtemps d'une si parfaite
prospérité. Avant de mourir, j'ai voulu voir
encore une dernière fois cette terre qui m'est
si chère, et qui me touche plus que ma pa-

trie même ; cette Lycie où j'ai appris à être bon et sage, sous la conduite du vertueux Alcine. En repassant en mer, j'ai trouvé un marchand d'une des îles Cyclades qui m'a assuré qu'il restait encore à Délos un fils d'Orciloque, qui imitait la sagesse et la vertu de son grand père Alcine. Aussitôt j'ai quitté la route de Lycie, et je me suis hâté de venir chercher, sous les auspices d'Apollon, dans son île, ce précieux reste d'une famille à qui je dois tout. Il me reste peu de temps à vivre ; la Parque ennemie de ce doux repos que les dieux accordent si rarement aux mortels se hâtera de trancher mes jours, mais je serai content de mourir, pourvu que mes yeux, avant que de se fermer à la lumière, aient vu le petit fils de mon maître. Parlez maintenant, ô vous qui habitez avec lui dans cette île, le connaissez-vous ? pouvez-vous me dire où je le trouverai ? Si vous le faites voir, puissent les dieux, en récompense, vous faire voir sur vos genoux les enfants de vos enfants jusqu'à la cinquième génération ! puissent les dieux conserver toute votre maison dans la paix et l'abondance pour fruit de votre vertu ! Pendant qu'Aristonoüs parlait ainsi, Sophronime versait des larmes mêlées de joie et de douceur.

Enfin il se jette, sans pouvoir parler, au cou du vieillard, il l'embrasse, le serre, et il pousse avec peine ces paroles entrecoupées de soupirs :

Je suis, ô mon père, celui que vous cherchez : vous voyez Sophronime, petit fils de votre ami Alcine ; c'est moi, et je ne puis douter en vous écoutant que les dieux ne vous aient envoyé ici pour adoucir mes maux. La reconnaissance, qui semblait perdue sur la terre, se trouve en vous seul. J'avais ouï dire dans mon enfance qu'un homme célèbre et riche établi à Samos, avait été nourri chez mon grand père, mais comme Orciloque, mon père, qui est mort jeune, me laissa au berceau, je n'ai su ces choses que confusément : je n'ai osé aller à Samos dans l'incertitude, et j'ai mieux aimé demeurer dans cette île, me consolant dans mes malheurs par le mépris des vaines richesses et par le doux emploi de cultiver les muses

dans la maison sacrée d'Apollon : la sagesse
qui accoutume les hommes à se contenter
de peu et à être tranquilles m'a tenu lieu de
tous les autres biens.

En achevant ces paroles, Sophronime, se
voyant arrivé au temple, proposa à Aristonoüs d'y faire sa prière et ses offrandes : ils
firent aux dieux un sacrifice de deux brebis
plus blanches que la neige, et d'un taureau
qui avait un croissant sur le front entre les
deux cornes ; ensuite ils chantèrent des vers
en l'honneur du dieu qui éclaire l'univers,
qui règle les saisons, qui préside aux scien-
ces, et qui anime le cœur des neuf Muses.
Au sortir du temple, Sophronime et Aristonoüs passèrent le reste du jour à se raconter
leurs aventures. Sophronime reçut chez lui
le vieillard avec la tendresse et le respect
qu'il aurait témoignés à Alcine même s'il
eût été encore vivant : le lendemain ils par-
tirent ensemble, et firent voile vers la Lycie.
Aristonoüs mena Sophronime dans une fertile campagne sur le bord d'un autre fleuve,
dans les ondes duquel Apollon, au retour de

la chasse, couvert de poussière, a tant de
fois plongé son corps et lavé ses beaux che-
veux blonds. Ils trouvèrent le long de ce
fleuve des peupliers et des saules, dont la
verdure tendre et naissante cachait les nids
d'un nombre infini d'oiseaux qui chantaient
nuit et jour : le fleuve tombant d'un rocher
avec beaucoup de bruit et d'écume, brisait
ses eaux dans un petit canal plein de cail-
loux; toute la plaine était couverte de mois-
sons dorées; les collines, qui s'élevaient en
amphithéâtres, étaient chargées de ceps de
vignes et d'arbres à fruits. Là, toute la nature était riante et gracieuse, le ciel était
doux et serein, et la terre toujours prête à
tirer de son sein de nouvelles richesses pour
payer les peines du laboureur. En avançant
le long du fleuve, Sophronime aperçut une
maison simple et médiocre, mais d'une architecture agréable avec de justes propor-
tions : il n'y trouva ni marbre, ni or, ni argent, ni ivoire, ni meubles de pourpre; tout
y était propre et plein d'agréments et de
commodités sans magnificence; une fontaine
coulait au milieu de la cour, et formait un

petit canal le long d'un tapis vert. Les jardins n'étaient point vastes : on y voyait des fruits et des plantes utiles pour la nourriture des hommes ; aux deux côtés du jardin paraissaient deux bocages, dont les arbres étaient presque aussi ancien que la terre, leur mère, et dont les rameaux épais faisaient une ombre impénétrable aux rayons du soleil. Ils entrèrent dans un salon où ils firent un doux repas des mets que la nature fournissait dans les jardins, et on n'y voyait rien de ce que la délicatesse des hommes va chercher si loin et si chèrement dans les villes : c'était du lait aussi doux que celui qu'Apollon avait soin de traire pendant qu'il était berger chez le roi Admète, c'était du miel plus exquis que celui des abeilles d'Hybla en Sicile, ou du mont Hymette dans l'Attique ; il y avait des légumes du jardin et des fruits qu'on venait de cueillir ; un vin plus délicieux que le nectar coulait des grands vases dans des coupes ciselées. Pendant ce repas frugal, mais doux et tranquille, Aristonoüs ne voulut point se mettre à table : d'abord il fit ce qu'il pût, sous divers prétextes, pour cacher sa modestie : mais enfin, comme Sophronime voulut le presser, il déclara qu'il ne se résoudrait, jamais à manger avec le petit-fils d'Alcine, qu'il avait si longtemps servi à la même table. Voilà, lui disait-il, où le sage vieillard avait accoutumé de manger ; voilà où il conversait avec ses amis ; voilà où il jouait à divers jeux ; voilà où il se promenait en lisant Homère et Hésiode ; voici où il se reposait la nuit. En rappelant ces circonstances, son cœur s'attendrissait, et les larmes coulaient de ses yeux. Après le repas, il mena Sophronime voir la belle prairie où erraient ses grands troupeaux mugissant sur le bord du fleuve, puis ils aperçurent les troupeaux de moutons qui revenaient des gras pâturages ; les brebis bêlantes et pleines de lait y étaient suivies de leurs petits agneaux bondissants ; on voyait partout les ouvriers empressés, qui aimaient le travail pour l'intérêt de leur maître doux et humain, qui se faisait aimer d'eux, et leur adoucissait les peines de l'esclavage.

Aristonoüs, ayant montré à Sophronime

cette maison, ces esclaves, ces troupeaux et ces terres devenues si fertiles par une soigneuse culture, lui dit ces paroles : Je suis ravi de vous voir dans l'ancien patrimoine de vos ancêtres : me voilà content, puisque je vous mets en possession du lieu où j'ai servi si longtemps Alcine : jouissez en paix de ce qui était à lui; vivez heureux, et préparez-vous de loin par votre vigilance une fin plus douce que la sienne. En même temps il lui fait une donation de ces biens avec toutes les solennités prescrites par les lois; et il déclare qu'il exclut de sa succession ses héritiers naturels, si jamais ils sont assez ingrats pour contester la donation qu'il a faites au petit-fils d'Alcine, son bienfaiteur. Mais ce n'est pas assez pour contenter son cœur; Aristonoüs, avant que de donner sa maison, l'orne tout entière de meubles neufs, simples et modestes à la vérité, mais propres et agréables; il remplit les greniers de riches présents de Cérès, et le cellier d'un vin de Chio, digne d'être servi par la main de Ganymède à la table du grand Jupiter; il y met aussi du vin parménien avec une abondante provision de miel d'Hymette et d'Hybla et d'huile d'Attique, presque aussi douce que le miel même, enfin il y ajouté d'innombrables toisons d'une laine fine et blanche comme la neige, riches dépouilles des tendres brebis qui paissent sur les montagnes d'Arcadie et dans les grands pâturages de Sicile. C'est en cet état qu'il donne sa maison à Sophronime; il lui donne encore cinquante talents euboïques, et réserve à ses parents les biens qu'il possède dans la péninsule de Clazomène aux environs de Smyrne, de Lebède et de Colophom, qui étaient d'un très-grand prix. La donation étant faite, Aristonoüs se rembarqua sur son vaisseau pour retourner dans l'Ionie. Sophronime, étonné et attendri par des bienfaits si magnifiques, l'accompagne jusqu'au vaisseau les larmes aux yeux, le nommant toujours son père, et le serrant entre ses bras. Aristonoüs arriva bientôt chez lui, par une heureuse navigation : aucun de ses parents n'osa se plaindre de ce qu'il venait de donner à Sophronime. J'ai laissé leur disait-il, pour dernière volonté dans mon testament, cet ordre, que tous mes biens seront vendus et distribués aux pauvres d'Ionie, si jamais aucun de vous s'oppose au don que je viens de faire au petit-fils d'Alcine. Ce sage vieillard vivait en paix et jouissait des biens que les dieux avaient accordés à sa vertu : chaque année, malgré sa vieillesse, il faisait un voyage en Lycie pour revoir Sophronime, et pour aller faire un sacrifice sur le tombeau d'Alcine, qu'il avait enrichi des plus beaux ornements de l'architecture et de la sculpture : il avait ordonné que ses propres cendres, après sa mort, seraient portées dans le même tombeau, afin qu'elles reposassent avec celles de son cher maître. Chaque année, au printemps, Sophronime, impatient de le revoir, avait sans cesse les yeux tournés vers le rivage de la mer, pour tâcher de découvrir le vaisseau d'Aristonoüs, qui arrivait dans cette saison : chaque année, il avait le plaisir de voir venir de loin, au travers des ondes amères, ce vaisseau qui lui était si cher; et la venue de ce vaisseau lui était infiniment plus douce que toutes les grâces et la na-

ture renaissante au printemps après les rigueurs de l'affreux hiver.

Une année il ne voyait pas venir comme
les autres ce vaisseau tant désiré ; il soupirait amèrement : la tristesse et la crainte
étaient peintes sur son visage ; le doux som-
meil fuyait loin de ses yeux, nul mets exquis
ne lui semblait doux : il était inquiet, alar-
mé du moindre bruit, toujours tourné vers
le port, il demandait à tout moment si on
n'avait point vu quelque vaisseau venant
d'Ionie : il en vit un ; mais hélas ! Aristonoüs n'y était pas ; il ne portait que ses
cendres dans une urne d'argent. Amphiclès,
ancien ami du mort, à peu près du même
âge, fidèle exécuteur de ses dernières vo-
lontés, apportait tristement cette urne.
Quand il aborda Sophronime, la parole leur
manqua à tous deux, et ils ne s'exprimèrent
que par leurs sanglots. Sophronime ayant
baisé l'urne, et l'ayant arrosée de ses larmes, parla ainsi : O vieillard, vous avez fait
le bonheur de ma vie, et vous me causez
maintenant la plus cruelle de toutes les

douleurs, je ne vous verrai plus ; la mort me serait douce pour vous voir et pour vous servir dans les Champs-Elysées, où votre ombre jouit de la bienheureuse paix que les dieux justes réservent à la vertu. Vous avez ramené en nos jours la justice, la piété et la reconnaissance sur la terre ; vous avez montré dans un siècle de fer la bonté et l'innocence de l'âge d'or ; les dieux, avant que de vous couronner dans le séjour des justes, vous ont accordé ici-bas une vieillesse agréable et longue ; mais hélas ! ce qui devrait toujours durer n'est jamais assez long : je ne sens plus aucun plaisir à en jouir sans vous. O chère ombre ! quand est-ce que je vous suivrai ! Précieuses cendres, si vous pouvez sentir encore quelque chose, vous ressentirez sans doute le plaisir d'être mêlées à celles d'Alcine ; les miennes s'y mêleront aussi un jour : en attendant toute ma consolation sera de conserver ces restes de ce que j'ai le plus aimé. O Aristonoüs ! non vous ne mourrez point, et vous vivrez toujours dans le fond de mon cœur ; plutôt m'oublier moi-même que d'oublier jamais cet homme aimable qui m'a tant aimé, qui aimait tant la vertu, à qui je devais tout !

Après ces paroles, entrecoupées de profond soupirs, Sophronime mit l'urne dans le tombeau d'Alcine, il imola plusieurs victimes, dont le sang inonda les autels de gazon qui environnaient le tombeau; il répandit des libations abondantes de vin et de lait; il brûla des parfums venus au fond de l'Orient, et il s'éleva un nuage odoriférant au milieu des airs. Sophronime établit à jamais pour toutes les années, dans la même saison, des jeux funèbres en l'honneur d'Alcine et d'Aristonoüs : on y venait de la Carie, heureuse et fertile contrée; des bords enchantés du Méandre, qui se joue par tant de détours, et qui semble quitter à regret le pays qu'il arrosait; des rives toujours vertes de Caïstre; des bords du Pactole, qui roule sous ses eaux un sable doré; de la Pamphylie, que Cérès, Pomone et Flore ornent à l'envie; enfin des vastes plaines de la Cilicie, arrosée comme un jardin par les torrents qui tombent du Taurus, toujours couvert de neiges. Pendant cette fête si solennelle, les jeunes garçons et les jeunes filles, vêtues de robes traînantes de lin, plus blanches que les lys, chantaient des hymnes en l'honneur d'Alcine et d'Aristonoüs; car on ne pouvait louer l'un sans l'autre, ni séparer deux hommes si étroitement unis, même après leur mort.

Ce qu'il y eut de plus merveilleux, c'est que, dès le premier jour, pendant que Sophronime faisait des libations de vin et de lait, un myrthe d'une verdure et d'une odeur exquise naquit au milieu du tombeau, et éleva tout à coup sa tête touffue pour couvrir les deux urnes de ses rameaux et de son ombre. Chacun s'écria qu'Aristonoüs, en récompense de sa vertu, avait été changé par les dieux en un arbre si beau : Sophronime prit le soin de l'arroser lui-même, et de l'honorer comme une divinité. Cet arbre, loin de vieillir, se renouvelle de dix en dix ans, et les dieux ont voulu faire voir par cette merveille, que la vertu, qui jette un si doux parfum dans la mémoire des hommes, ne meurt jamais.

LE PETIT LUCIEN.

Le petit Lucien se promenait un après-midi avec sa mere dans les environs de leur maison de campagne; c'était toujours un véritable plaisir lorsqu'il obtenait, à force de sagesse, cette précieuse récompense. En effet, Lucien devait se trouver heureux d'accompagner sa mère dans ses excursions plutôt que de rester seul à la maison ; d'ailleurs madame Blinval était si bonne, elle savait si bien condescendre aux petites faiblesses de l'enfance; elle prêtait une si grande attention au babil incessant de Lucien, elle répondait avec tant de patience à toutes ses questions, que l'enfant éprouvait la plus vive affliction lorsque sa maman disait :

— Lucien, vous n'avez point été sage, vous resterez.

Cette fois dont je parle, il avait accompli tous ses devoirs, et l'heureuse mère, le prenant par la main, l'entraîna dans les champs. La journée avait été belle, et le soleil disparaissait, laissant un ciel uni et bleu.

— Mon Dieu, que je suis heureux, maman ! s'écria Lucien.

— Tu te trouves joyeux, j'en suis sûre, de la mère, à cause que tu te promènes avec moi ?

— Oh ! cela entre bien pour quelque chose dans le bonheur que j'éprouve ; mais je suis satisfait de ce que je puis me dire : Je n'ai rien à me reproche, maman n'a point eu le sujet de me gronder ; car si avant de partir, je t'eusse causé du chagrin, je ne pourrais pas en ce moment me livrer à la joie que je ressens.

— Bien, mon fils, tu comprends par toi-même que la source unique de la félicité de ce monde ne provient que la tranquillité de conscience et de l'estime de soi-même. Que de peines l'on s'éviterait pour l'avenir si on voulait se persuader de cette vérité ! La légèreté est si peu de chose en apparence, et pourtant elle entraîne souvent à sa suite les malheurs les plus graves ; il faut donc s'habituer de bonne heure à réfléchir.

En cet instant, la mère et le fils aperçurent une pauvre vieille femme couverte de haillons; elle leur tendit la main en disant :

— Donnez-moi, s'il vous plaît, quelque chose, car je suis aveugle et je ne puis plus travailler.

Lucien, dont le cœur était fort sensible, se sentit attendri.

— Oh ! maman, dit-il, veux-tu rendre ma joie parfaite, donne à cette pauvre femme tout l'argent que tu as l'habitude de me fournir le dimanche lorsque j'ai été sage pendant la semaine.

— Je le veux bien, mon fils, dit madame Blainval.

Et elle remit aussitôt à la pauvresse la somme de trois francs.

Ils poursuivirent silencieusement leur promenade; mais la bonne mère de Lucien ne put retenir davantage les tendres sentiments qu'elle éprouvait, elle eut besoin de es exprimer à Lucien. Après avoir approuvé sa bonne action, elle le pressa dans ses bras, en s'écriant :

— O mon fils! ce qui doit combler de joie le cœur d'un enfant vertueux, c'est lorsque sa mère lui dit : Je te dois tout le bonheur dont je jouis.

LIMOGES. — TYP. DE BARBOU FRÈRES.